Pauvre Belgique !

Eric Lorio

Psychologue, coach, formateur, écrivain et entrepreneur, Eric Lorio réside à Bruxelles.

Il est notamment l'auteur de *Les citations du manager* (2016), *Les listes du* manager (2016) et *Incroyables croyances* (2016) parus aux Editions UltraLetters.

Charles Baudelaire

Pauvre Belgique !

Amœnitates Belgicæ

Œuvre inachevée

Prolégomènes d'Éric Lorio

Collection Histoire & Poésie

Ultraletters

Titre : Pauvre Belgique !, Amœnitates Belgicæ.
Auteur : Charles Baudelaire.
Prolégomènes : Eric Lorio.
Portrait de couverture : Étienne Carjat.

ISBN : 978-2-930718-77-4
Dépôt légal : Mai 2016.

Imprimé sur du papier certifié FSC® (Forest Stewardship Council, *Conseil pour la bonne gestion des forêts*) à Norderstedt, Allemagne.
UltraLetters est un éditeur qui s'engage dans une politique responsable de protection de l'environnement.

www.UltraLetters.com
contact@UltraLetters.com

Sommaire

INTRODUCTION 3

VENUS BELGA 24

LA PROPRETÉ DES DEMOISELLES BELGES 25

LA PROPRETÉ BELGE 26

L'AMATEUR DES BEAUX-ARTS EN BELGIQUE 27

UNE EAU SALUTAIRE 28

LES BELGES ET LA LUNE 29

ÉPIGRAPHE 30

LA NYMPHE DE LA SENNE 31

OPINION DE M. HETZEL SUR LE FARO 32

UN NOM DE BON AUGURE 33

LE RÊVE BELGE 34

L'INVIOLABILITÉ DE LA BELGIQUE 35

ÉPITAPHE POUR LÉOPOLD IER 36

ÉPITAPHE POUR LA BELGIQUE 37

L'ESPRIT CONFORME 38

LES PANÉGYRIQUES DU ROI 39

LE MOT DE CUVIER 40

AU CONCERT, À BRUXELLES 41

UNE BÉOTIE BELGE 42

LA CIVILISATION BELGE 43

LA MORT DE LÉOPOLD IER 44

1. Charles Baudelaire en 1862, deux ans avant son départ en Belgique. Portrait d'Etienne Carjat.

Introduction

En 1864, la Belgique indépendante fête ses 34 ans. Après avoir été soumis à diverses dominations étrangères (les ducs de Bourgogne, les Habsbourgs d'Espagne puis d'Autriche, les Français de l'époque révolutionnaire et impériale, les voisins des Pays-Bas), le jeune pays est le premier du continent européen à achever sa révolution industrielle, se transforme en profondeur et prend de plus en plus d'assurance.

Le progrès économique aidant, le roi Léopold Ier et le gouvernement entreprennent de grands travaux publics et modernisent le pays.

Le 24 avril 1864, Charles Baudelaire quitte la France, déçu et endetté, pour la Belgique, porté par ses espoirs.

> *« Il avait entendu parler de grands succès obtenus à Bruxelles par les littérateurs français en faisant des lectures & des conférences publiques. Là-dessus il avait rêvé les magnifiques profits réalisés en Angleterre & en Amérique par Dickens, par Thakeray, par Longfellow, & par Edgar Poë même,*

revenus riches après une tournée employée à exploiter de ville en ville un même livre ou une même leçon. »

Charles Asselineau[1], *Charles Baudelaire, sa vie et son œuvre,* 1869.

Il souhaite donc y donner des conférences mais ce ne fut pas un succès, loin de là. Seules 5 lectures furent prévues au Cercle littéraire et artistique qui ne paya pas entièrement les cent francs convenus pour l'ensemble.

En effet, Baudelaire est un piètre orateur et a le talent de se mettre tout le monde à dos. Le public est clairsemé, endormi et n'hésite d'ailleurs pas à partir avant la fin.

Un jeune écrivain belge qui allait devenir un grand homme des lettres belges, Camille Lemonnier a laissé un témoignage de l'échec des conférences de Baudelaire à Bruxelles.

Camille Lemonnier assista à une conférence où Baudelaire devait rendre hommage à Théophile Gautier. Voici ce qu'il raconte :

« Je n'oublierai jamais ce soir mémorable. Les journaux bruxellois avaient annoncé une conférence de Baudelaire, sans commentaires. Le fait d'un grand poète, d'un des esprits absolus de ce temps, promulguant

---

[1] Charles Asselineau (1820 – 1874) est un homme de lettres, écrivain et critique d'art français. Il compte parmi les rares amis fidèles de Charles Baudelaire.

sa foi littéraire publiquement, semblait alors négligeable. Il faut se rappeler l'indifférence totale du Bruxelles d'alors pour la littérature : un petit nombre de lettrés seulement connaissaient l'auteur des Fleurs du Mal ; on vivait dans un air saturnien où se plombait l'Idée. »

Camille Lemonnier, *La vie Belge*, 1905.

Baudelaire s'installe à Bruxelles pour près de deux ans et loue une chambre meublée à l'Hôtel du Grand Miroir, à proximité de la Grand-Place, pour 6,50 francs par jour, repas compris.

« La chambre était modestement meublée : un lit en faux acajou, un canapé usé, pas d'abat-jour, des tentures décolorées. Le pensionnaire y ajouta bientôt une cage avec une chauve-souris qu'il nourrissait de lait et de mie de pain. »

Fernand Servais, *Souvenirs de mon vieux Bruxelles*, 1965.

Le choix de cet hôtel n'est pas innocent. A l'époque, le Grand Miroir est tenu par un Parisien nommé Lepage et son épouse d'origine picarde et lui a été recommandé par son ami namurois Félicien Rops[2] qui illustra *Les Fleurs du mal.*

---

[2] Félicien Rops est un artiste belge, peintre, dessinateur, illustrateur, aquafortiste et graveur, né à Namur en 1833 et mort à Essonnes en 1898.

2. La cour intérieure de l'Hôtel du Grand Miroir.

En 1864, Baudelaire, l'ex-dandy, est déjà un vieillard de 43 ans. Il a les cheveux blancs, le visage creusé, des douleurs dans les jambes, des troubles cardiaques et digestifs. Cet hôtel lui convient assez bien :

> « *Le chef est français. Il sait que je suis un compatriote. Il me soigne car mon estomac est rebelle aux pesanteurs des indigestes pâtures bruxelloises.* »

Cet hôtel est l'un des plus anciens de Bruxelles, il est déjà mentionné en 1289 ! Au XIXème siècle, cet établissement est très prisé. Il ferma en 1914 lorsqu'éclata le premier conflit mondial. Il fut détruit dans les années 50 et remplacé par la Maison des Notaires.

3. Plaque commémorative au 30-32 rue de la Montagne.

« La vue d'une femme belge me donne une vague envie de m'évanouir.

Le Dieu Éros lui-même, s'il voulait glacer immédiatement tous ses feux, n'aurait qu'à contempler le visage d'une Belge. »

Baudelaire, *Correspondance*, 1865.

4. La Maison des Notaires prit la place de l'Hôtel du Grand Miroir, rue de la Montagne 30-32.

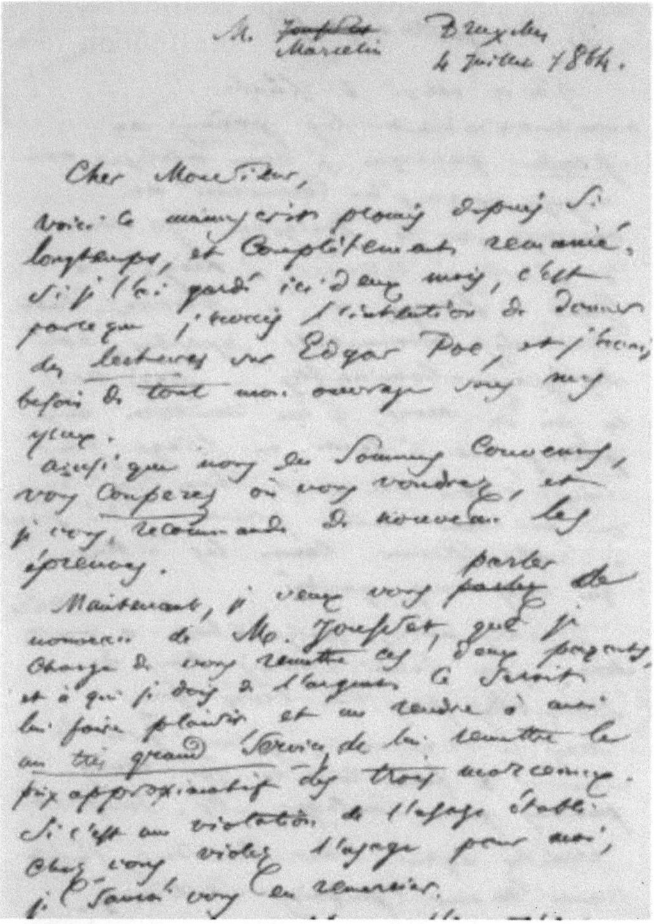

M. Marcelin

Bruxelles
4 juillet 1864.

Cher Monsieur,

Voici le manuscrit promis depuis si longtemps, et complètement remanié. Si je l'ai gardé ici deux mois, c'est parce que j'avais l'intention de donner des lectures sur Edgar Poe, et j'avais besoin de tout mon ouvrage sous mes yeux.

Aussitôt que vous les [illegible], vous couperez où vous voudrez, et je vous recommande de nouveau les épreuves.

Maintenant, je veux vous parler de M. [illegible], que je [illegible] de vous remettre ces deux paquets, et à qui je dois de l'argent. Ce serait lui faire plaisir et me rendre à moi un très grand service de lui remettre le prix approximatif des trois morceaux. Si c'est une violation de l'usage établi [illegible] violez l'usage pour moi, [illegible] je saurai vous en remercier.

5. *Lettre autographe à l'éditeur Louis Marcelin, sur papier à en-tête gaufrée de l'hôtel du Grand Miroir à Bruxelles, signée et datée Bruxelles, 4 juillet 1864. Cette lettre constitue l'indice le plus ferme et le plus précis du début de la rédaction de ce pamphlet.*

À cette époque, Bruxelles vient de traverser de pénibles décennies suivant la constitution de l'état belge.

Le centre-ville est toujours d'allure médiévale avec ses ruelles, ses impasses étroites et sa rivière.

6. Le moulin de la rue Middeller sur la Senne en 1867. Actuellement ce lieu correspond en partie au tracé de la rue Auguste Orts.

Traversant la ville, la Senne n'était absolument pas pittoresque mais insalubre, nauséabonde.

Son cours a toujours eu un débit capricieux. Elle déborde quand il pleut fort et, en période sèche, son débit est insuffisant pour évacuer les eaux usées et les déchets.

7. Vue de la Senne qui longe la rue de la Fiancée, vers 1870 (photo de Louis Ghémar).

La Senne devient un véritable égout à ciel ouvert et provoque régulièrement des inondations cloacales.

De plus, dans les années 1850, la situation se détériore encore. Aux nombreuses alternances de sécheresses et de crues, s'ajoutent une épidémie de choléra aggravée par la misère, le manque d'hygiène et d'eau potable et la densité croissante de la population locale.

8. La Senne en 1867 (Photo Louis Ghémar).

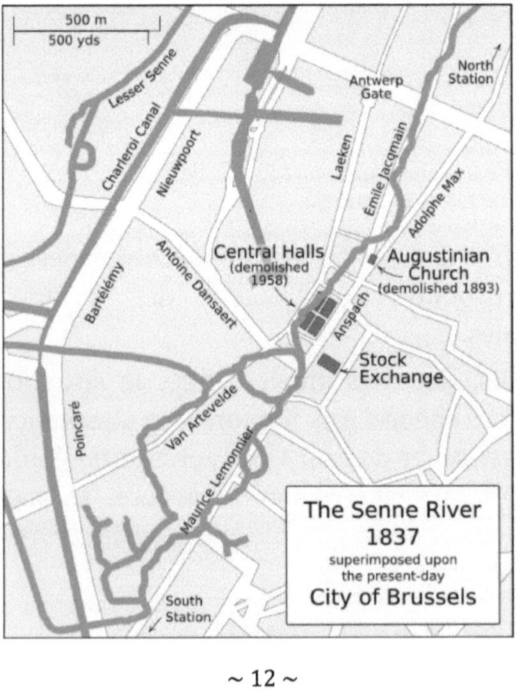

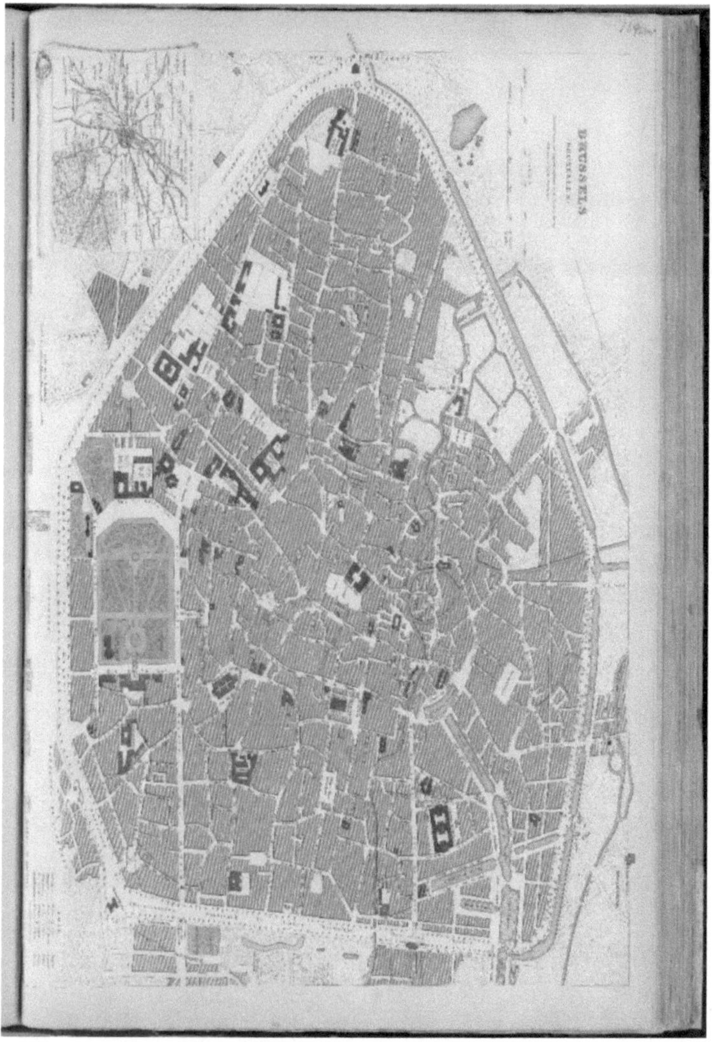

9. Plan de Bruxelles en 1837.

La ville-chantier

Pour des raisons de salubrités publiques évidentes, les autorités devaient réagir. Le bourgmestre (maire) Jules Anspach prend la décision en 1863 de voûter la Senne.

Le voûtement de la Senne, et les destructions préalables de plus d'un millier de maisons, furent un travail colossal qui se termina en 1871 avec le grand boulevard central qui portera le nom du bourgmestre !

Mais avant que Bruxelles ne *s'haussmannise*, les travaux d'aménagement de la surface (nouvelles rues et bâtiments) se poursuivirent encore bien des années. Contemplez ces photos du centre-ville prises en 1867.

Le voûtement de la Senne est finalement inauguré le 30 novembre 1871 par le conseil communal ouvrant solennellement les vannes de la grande écluse reconstruites par Léon Suys, l'architecte de cet immense chantier.

10. Début du chantier en 1867. Le voûtement a une longueur de 2,2 kilomètres. Il est constitué de deux collecteurs parallèles de 6 mètres de large chacun, et de deux égouts latéraux reprenant chacun les eaux usées d'une rive du cours d'eau. L'ensemble est construit en briques maçonnées.

11. Autre vue du chantier. Notez la présence d'enfants parmi les ouvriers.

Au même moment, un autre quartier va être bouleversé. 75 maisons du quartier historique et populaire des Marolles, un couvent et le parc du palais des princes de Mérode[3] seront expropriés en 1865 pour permettre la construction d'un nouveau Palais de Justice.

Les travaux ont débuté en 1866 et le Palais fut inauguré le 15 octobre 1883 en présence du roi Léopold II.

Plus vaste que la Basilique Saint-Pierre à Rome, il est un des plus grands édifices de pierres de taille de la planète et est actuellement le plus grand palais de justice du monde.

Il coûta une fortune équivalant à une année entière de travaux publics dans tout le royaume !

> *« C'est biblique et michelangelesque, avec du Piranèse et un peu, peut-être, de folie — de la bonne, ma foi. »*
>
> Paul Verlaine.

Depuis, le Palais de Justice domine Bruxelles de son imposant style éclectique.

---

3 Le Palais des Princes de Mérode accueille aujourd'hui un club d'affaires, le Cercle de Lorraine, en face du Palais de Justice de Bruxelles, place Poelaert.

12. Les fondations du Palais de Justice émergent du sol, montrant piliers et voûtes (1867).

13. Le Palais de Justice en 1923 avec sa coupole d'origine.

Des espoirs déçus

Les espoirs de Baudelaire sont rapidement déçus. Il ne trouve aucun éditeur bruxellois intéressé par ses ouvrages. Il se lance alors dans ce pamphlet inachevé contre la Belgique qu'il voit comme une caricature de la France bourgeoise.

Le titre variera au fil des mois : « *Une capitale ridicule* », « *La Belgique déshabillée* », « *Pauvre Belgique !* », « *Amoenitates belgicae*[4] », ...

Pour lui, la mort future de ce royaume improbable ne mérite qu'un mot : « enfin ! ».

En découvrant ses déconvenues, ses amis le pressent de revenir à Paris. Dans sa lettre du 2 janvier 1865 à Monsieur Ancelle[5], Baudelaire explique clairement pourquoi il reste à Bruxelles :

> *« Je ne veux rentrer en France que glorieusement, et certains devoirs accomplis. Cela dépend de mon activité, et de l'activité d'une personne que j'ai chargée de mes affaires à Paris. »*

Dans sa biographie de Baudelaire, son ami Charles Asselineau cite Théophile Gautier :

> *« Ce Baudelaire est étonnant ! Conçoit-on cette manie de s'éterniser dans un pays où l'on*

---

[4] Les charmes belges en latin.

[5] Ce dernier est le curateur de Baudelaire qui lui avait été imposé en 1844, à la suite de la dilapidation de sa fortune familiale.

souffre ? Moi, quand je suis allé en Espagne, à Venise, à Constantinople, je savais que je m'y plairais & qu'au retour je ferais un beau livre. Lui, Baudelaire, il reste à Bruxelles, où il s'ennuie, pour le plaisir de dire qu'il s'y est ennuyé ! »

Le 5 février 1865, Baudelaire écrit à Asselineau qui lui demande des nouvelles de sa santé :

« Et le médecin a prononcé le grand mot : hystérie. En bon français : je jette ma langue aux chiens. »

Mais son livre sur Bruxelles ne sera jamais terminé. En décembre 1865, les remèdes de l'époque, à savoir l'opium, la digitale, la belladone et la quinine, ne viennent pas à bout des névralgies qui l'assaillent.

En mars de l'année suivante, il est pris d'un malaise à la sortie de l'église Saint-Loup à Namur[6]. C'est un accident vasculaire cérébral.

Il est ramené à Bruxelles. Quelques jours plus tard, c'est l'hémiplégie. En avril, l'aphasie le rend presque muet. À l'Institut Saint-Jean et Sainte-Elisabeth, rue des Cendres, les sœurs s'affolent de l'entendre hurler. Un seul mot, toujours le même : « *Crénom !* ». Après son départ pour Paris, en juillet 1866, elles feront d'ailleurs exorciser la chambre de Baudelaire, à tout hasard.

---

[6] Baudelaire visite régulièrement son ami Félicien Rops, artiste peintre, qui réside à Namur.

Finalement, Baudelaire décédera avant la Belgique. Ses derniers jours se perdent en insultes crachotantes et en éclats de rire démentiels.

Il meurt à Paris à 46 ans, dans une maison de santé du quartier de Chaillot, le 31 août 1967, emporté par la syphilis qu'il avait contracté à l'âge de 20 ans et des suites de son AVC.

Il sera enterré à Paris, au cimetière du Montparnasse, dans la même tombe que son beau-père, le général Aupick et sa mère.

Les poèmes inachevés que vous allez maintenant découvrir révèlent surtout l'amertume de cet artiste torturé, mal-aimé de son vivant, mais aussi une ville-chantier, une ville en devenir, une ville vivante et ouverte sur le monde.

Eric Lorio

14. Tombe Baudelaire au cimetière de Montparnasse à Paris.

Poèmes inachevés

Venus belga

(Montagne de la Cour)

Ces mollets sur ces pieds montés,
Qui vont sous ces cottes peu blanches,
Ressemblent à des troncs plantés
Dans des planches.

Les seins des moindres femmelettes,
Ici, pèsent plusieurs quintaux,
Et leurs membres sont des poteaux
Qui donnent le goût des squelettes.

Il ne me suffit pas qu'un sein soit gros et doux ;
Il le faut un peu ferme, ou je tourne casaque.
Car, sacré nom de Dieu ! je ne suis pas Cosaque
Pour me soûler avec du suif et du saindoux.

La Propreté des demoiselles belges

Elle puait comme une fleur moisie.
Moi, je lui dis (mais avec courtoisie) :
« Vous devriez prendre un bain régulier
Pour dissiper ce parfum de bélier. »

Que me répond cette jeune hébétée ?
« Je ne suis pas, moi, de vous dégoûtée ! »
— Ici pourtant on lave le trottoir
Et le parquet avec un savon noir !

La Propreté belge

« Bains ». — J'entre et demande un bain. Alors le maître
Me regarde avec l'œil d'un bœuf qui vient de paître,
Et me dit : « Ca n'est pas possible, ça, sais-tu,
Monsieur ! » — Et puis, d'un air plus abattu :
« Nous avons au grenier porté nos trois baignoires. »

J'ai lu, je m'en souviens, dans les vieilles histoires,
Que le Romain mettait son vin au grenier ; mais,
Si barbare qu'il fût, ses baignoires, jamais !
Aussi, je m'écriai : « Quelle idée, ô mon Dieu ! »

Mais l'ingénu : « Monsieur, c'est qu'on venait si peu ! »

L'Amateur des Beaux-Arts en Belgique

Un ministre qu'on dit le Mecenas flamand,
Me promenait un jour dans son appartement,
Interrogeant mes yeux devant chaque peinture,
Parlant un peu de l'art, beaucoup de la nature,
Vantant le paysage, expliquant le sujet,

Et surtout me marquant le prix de chaque objet.
— Mais voilà qu'arrivé devant un portrait d'Ingres,
(Pédant dont j'aime peu les qualités malingres)
Je fus pris tout à coup d'une sainte fureur
De célébrer David, le grand peintre empereur !
— Lui, se tourne vers son fournisseur ordinaire,
Qui se tenait debout comme un factionnaire,
Ou comme un chambellan qui savoure avec foi
Les sottises tombant des lèvres de son roi,
Et lui dit, avec l'œil d'un marchand de la Beauce :
« Je crois, mon cher, je crois que David est en hausse ! »

Une eau salutaire

Joseph Delorme a découvert
Un ruisseau si clair et si vert
Qu'il donne aux malheureux l'envie
D'y terminer leur triste vie.
— Je sais un moyen de guérir
De cette passion malsaine
Ceux qui veulent ainsi périr :
Menez-les au bord de la Senne,

« Voyez — dit ce Belge badin
Qui n'est certes pas un ondin —
La contrefaçon de la Seine.
— Oui — lui dis-je — une Seine obscène ! »

Car cette Senne, à proprement
Parler, où de tout mur et de tout fondement
L'indescriptible tombe en foule
Ce n'est guères qu'un excrément
        Qui coule.

Les Belges et la lune

On n'a jamais connu de race si baroque
Que ces Belges. Devant le joli, le charmant,
Ils roulent de gros yeux et grognent sourdement.
Tout ce qui réjouit nos cœurs mortels les choque.

Dites un mot plaisant, et leur œil devient gris
Et terne comme l'œil d'un poisson qu'on fait frire
;
Une histoire touchante ; ils éclatent de rire,
Pour faire voir qu'ils ont parfaitement compris.

Comme l'esprit, ils ont en horreur les lumières ;
Parfois sous la clarté calme du firmament,
J'en ai vu, qui rongés d'un bizarre tourment,

Dans l'horreur de la fange et du vomissement,
Et gorgés jusqu'aux dents de genièvre et de bières,
Aboyaient à la Lune, assis sur leurs derrières.

Épigraphe

pour l'atelier de M. Rops, fabricant de cercueils à Bruxelles

Je rêvais, contemplant ces bières
De palissandre ou d'acajou,
Qu'un habile ébéniste orne de cent manières :
« Quel écrin ! et pour quel bijou !

Les morts, ici, sont sans vergognes !
Un jour, des cadavres flamands
Souilleront ces cercueils charmants.
Faire de tels étuis pour de telles charognes ! »

La Nymphe de la Senne

« Je voudrais bien — me dit un ami singulier,
Dont souvent la pensée alterne avec la mienne, —
        Voir la Naïade de la Senne ;
Elle doit ressembler à quelque charbonnier
        Dont la face est toute souillée. »
        — « Mon ami, vous êtes bien bon.
        Non, non ! Ce n'est pas de charbon
        Que cette nymphe est barbouillée ! »

Opinion de M. Hetzel sur le faro

« Buvez-vous du faro ? » — dis-je à monsieur Hetzel ;
Je vis un peu d'horreur sur sa mine barbue,
— « Non, jamais ! le faro (je dis cela sans fiel !)
C'est de la bière deux fois bue. »

Hetzel parlait ainsi, dans un Café flamand,
Par prudence sans doute, énigmatiquement ;
Je compris que c'était une manière fine
De me dire : « Faro, synonyme d'urine ! »

« Observez bien que le faro
Se fait avec de l'eau de Senne »
— « Je comprends d'où lui vient sa saveur citoyenne.
Après tout, c'est selon ce qu'on entend par eau ! »

Un nom de bon augure

Sur la porte je lus : « Lise Van Swieten ».
(C'était dans un quartier qui n'est pas un Éden)
— Heureux l'époux, heureux l'amant qui la possède,
Cette Ève qui contient en elle son remède !
Cet homme enviable a trouvé,
Ce que nul n'a jamais rêvé,
Depuis le pôle nord jusqu'au pôle antarctique :
Une épouse prophylactique !

Le Rêve belge

La Belgique se croit toute pleine d'appas ;
Elle dort. Voyageur, ne la réveillez pas.

L'Inviolabilité de la Belgique

« Qu'on ne me touche pas ! Je suis inviolable ! »
Dit la Belgique. — C'est, hélas ! incontestable.
Y toucher ? Ce serait, en effet, hasardeux,
Puisqu'elle est un bâton merdeux.

Épitaphe pour Léopold Ier

Ci-gît un roi constitutionnel,
(Ce qui veut dire : Automate en hôtel
Garni)
Qui se croyait sempiternel
Heureusement, c'est bien fini !

Épitaphe pour la Belgique

On me demande une épitaphe
Pour la Belgique morte. En vain
Je creuse, et je rue et je piaffe ;
Je ne trouve qu'un mot : « Enfin ! »

L'Esprit conforme

I.

Cet imbécile de Tournai
Me dit : « J'ai l'esprit mieux tourné
Que vous, Monsieur. Ma jouissance
Dérive de l'obéissance ;
J'ai mis toute ma volupté
Dans l'esprit de Conformité ;
Mon cœur craint toute façon neuve
En fait de plaisir ou d'ennui,
Et veut que le bonheur d'autrui
Toujours au sien serve de preuve. »

Ce que dit l'homme de Tournai,
(Dont vous devinez bien, je pense,
Que j'ai retouché l'éloquence)
N'était pas si bien tourné.

II.

Les Belges poussent, ma parole !
L'imitation à l'excès,
Et s'ils attrapent la vérole,
C'est pour ressembler aux Français.

Les Panégyriques du roi

Tout le monde, ici, parle un français ridicule :
On proclame immortel ce vieux principicule.
Je veux bien qu'immortalité
Soit le synonyme
De longévité,
La différence est si minime !

Bruxelles, ces jours-ci, déclarait (c'est grotesque !)
Léopold immortel. – Au fait, il le fut presque.

Le Mot de Cuvier

« En quel genre, en quel coin de l'animalité
Classerons-nous le Belge ? » Une Société
Scientifique avait posé ce dur problème.
Alors le grand Cuvier se leva, tremblant, blême,
Et pour toutes raisons criant : « Je jette aux chiens
Ma langue ! Car, messieurs les Académiciens,
L'espace est un peu grand depuis les singes jusques
Jusques aux mollusques ! »

Au concert, à Bruxelles

On venait de jouer de ces airs ravissants
Qui font rêver l'esprit et transportent les sens ;
Mais un peu lâchement, hélas ! à la flamande.
« Tiens ! l'on n'applaudit pas ici ? » fis-je. — Un voisin,
Amoureux comme moi de musique allemande,
Me dit : « Vous êtes neuf dans ce pays malsain,
Monsieur ? Sans ça, vous sauriez qu'en musique,
Comme en peinture et comme en politique,
Le Belge croit qu'on le veut attraper,
— Et puis qu'il craint surtout de se tromper. »

Une Béotie belge

La Belgique a sa Béotie !
C'est une légende, une scie,
Un proverbe ! — Un comparatif
Dans un état superlatif !
Bruxelles, ô mon Dieu ! méprise Poperinghe !
Un vendeur de trois-six blaguant un mannezingue !
Un clysoir, ô terreur ! raillant une seringue !
Bruxelles n'a pas droit de railler Poperinghe !
Comprend-on le comparatif
(C'est une épouvantable scie !)
À côté du superlatif ?
La Belgique a sa Béotie !

La Civilisation belge

Le Belge est très civilisé ;
Il est voleur, il est rusé ;
Il est parfois syphilisé ;
Il est donc très civilisé.
Il ne déchire pas sa proie
Avec ses ongles ; met sa joie
À montrer qu'il sait employer
À table fourchette et cuiller ;
Il néglige de s'essuyer,
Mais porte paletots, culottes,
Chapeau, chemise même et bottes ;
Fait de dégoûtantes ribottes ;
Dégueule aussi bien que l'Anglais ;
Met sur le trottoir des engrais ;
Rit du Ciel et croit au progrès
Tout comme un journaliste d'Outre-
Quiévrain[7] ; — de plus, il peut foutre
Debout comme un singe avisé.

Il est donc très civilisé.

---

[7] Les gens d'Outre-Quiévrain, c'est sous ce nom qu'en Belgique on désigne communément les Français. (C.B.)

La Mort de Léopold Ier

I.

Le grand juge de paix d'Europe[8]
A donc dévissé son billard !
(Je vous expliquerai ce trope[9]).
Ce roi n'était pas un fuyard
Comme notre Louis-Philippe.
Il pensait, l'obstiné vieillard,
Qu'il n'était jamais assez tard
Pour casser son ignoble pipe.[10]

II.

Léopold voulait sur la Mort
Gagner sa première victoire
Il n'a pas été le plus fort ;
Mais dans l'impartiale histoire,

---

[8] Surnom donné à Léopold par la niaiserie française. Rengaine. (C.B.)

[9] Ce vers est adressé aux Belges. Voir la note de M. Proudhon sur l'ignorance des Belges relativement aux figures de Rhétorique. (C.B.) – Un trope est une figure de style visant à embellir le texte en employant un mot avec un sens détourné. Par exemple, utiliser 'flamme' pour 'passion amoureuse'. (NDE)

[10] Autre figure empruntée à l'argot parisien. (C.B.)

Sa résistance méritoire
Lui vaudra ce nom fulgurant :
« Le cadavre récalcitrant. »

FIN

FSC
www.fsc.org
MIXTE
Papier issu
de sources
responsables
Paper from
responsible sources
FSC® C105338